Bruno Neves e Ana Dobón

MEU LIVRO DE
Frases

Mensagens para fazer o seu DIA MELHOR

Lafonte

MEU LIVRO DE Frases

Mensagens para fazer o seu DIA MELHOR

Título original: *Meu livro de frases: mensagens para fazer o seu dia melhor*
Copyright © Editora Lafonte, 2018

Todos os direitos reservados.
Nenhuma parte deste livro pode ser reproduzida sob quaisquer meios existentes sem autorização por escrito dos editores.

Direção editorial Ethel Santaella
Coordenação editorial Ana Paula Bürger
Produção de texto Bruno Neves
Edição de arte Ana Dobón
Revisão de texto Walter Sagardoy
Ilustrações Shuterstock.com

```
Dados Internacionais de Catalogação na Publicação (CIP)
            (Câmara Brasileira do Livro, SP, Brasil)

Neves, Bruno
    Meu livro de frases : mensagens para fazer o seu
dia melhor / Bruno Neves e Ana Dobón. -- São Paulo :
Lafonte, 2018.

    ISBN 978-85-8186-271-2

    1. Citações - Coletâneas 2. Livros de frases
3. Mensagens 4. Reflexões I. Dobón, Ana. II. Título.

18-16082                                    CDD-808.882
```

Índices para catálogo sistemático:

1. Frases : Coletâneas : Literatura   808.882

Cibele Maria Dias - Bibliotecária - CRB-8/9427

1ª edição: 2018
Direitos de edição em língua portuguesa, para o Brasil, adquiridos por Editora Lafonte Ltda.

Av. Profa. Ida Kolb, 551 - 3º andar - São Paulo - SP - CEP 02518-000
Tel.: 55 11 3855-2286
atendimento@editoralafonte.com.br * www.editoralafonte.com.br

Impressão e acabamento:
Gráfica Oceano

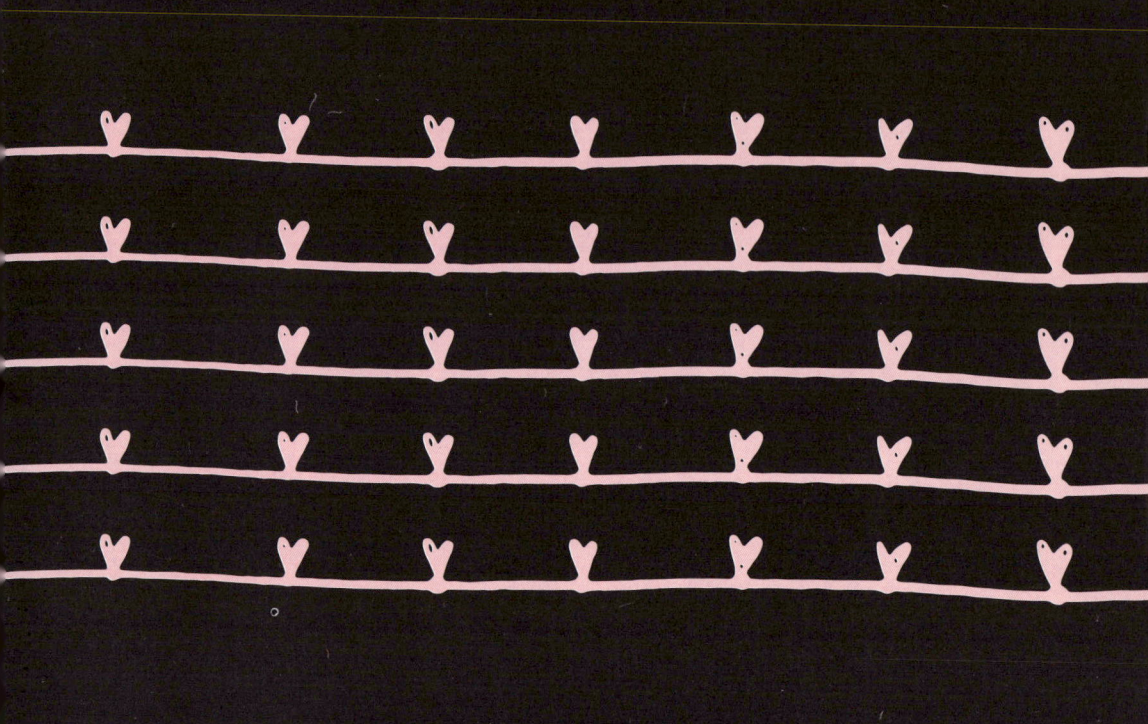

Quando acordei hoje de manhã, eu sabia quem eu era, mas acho que já mudei muitas vezes desde então.

 — Alice no País das Maravilhas

"SE VOCÊ NÃO TIVER NENHUMA SOMBRA, ENTÃO, NÃO ESTÁ NA LUZ!"

– Lady Gaga

Não chore
porque acabou.
Sorria
porque aconteceu.

— Dr. Seuss

Você não consegue se esconder quando nasceu para se destacar.

— Extraordinário

Eu estou aqui para **CAUSAR!** Se fosse para ser **PACÍFICA,** eu estava no oceano.

"Não há nada melhor do que um amigo.

A menos que seja um amigo com chocolate."

ACIMA DE TUDO, NUNCA PARE DE ACREDITAR.

— As aventuras de Pi

COLECIONE
MAIS PAPEL
de bala
E MENOS
PAPEL
de trouxa!

#METAS

TUDO O QUE
TEMOS DE DECIDIR
É O QUE FAZER
COM O TEMPO
QUE NOS É DADO.

— O Senhor dos Anéis

"Pessoas quietas têm as mentes mais barulhentas."

— Stephen King

> Isso é a morte: quando o 'é' se transforma em 'era'.
> — Divergente

Não trate como 31 de dezembro, quem te trata como 1º de abril!

"Amor é maior que a pressão para ser perfeita."

— Demi Lovato

Por algumas pessoas vale a pena derreter.

— Frozen

ACOOORDA
Alice,
você não está no
País das Maravilhas!

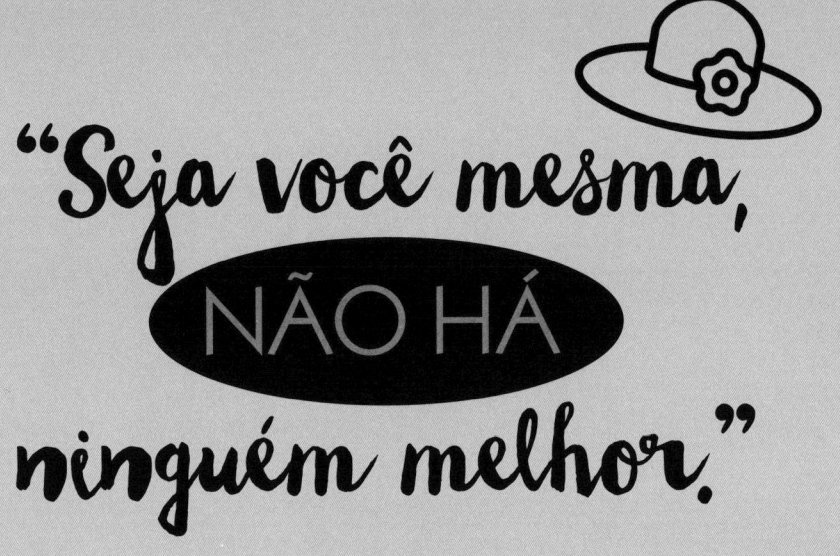

"Seja você mesma, NÃO HÁ ninguém melhor."

— Taylor Swift

SE VOCÊ PUDESSE VIVER

PARA SEMPRE,

PELO QUE VOCÊ VIVERIA?

— Crepúsculo

> "SE ALGUÉM TE PEDIR PARA MUDAR, DEIXE ESSA PESSOA PARA LÁ!"
>
> — Ed Sheeran

Seja você,

o mundo

vai se

adaptar!

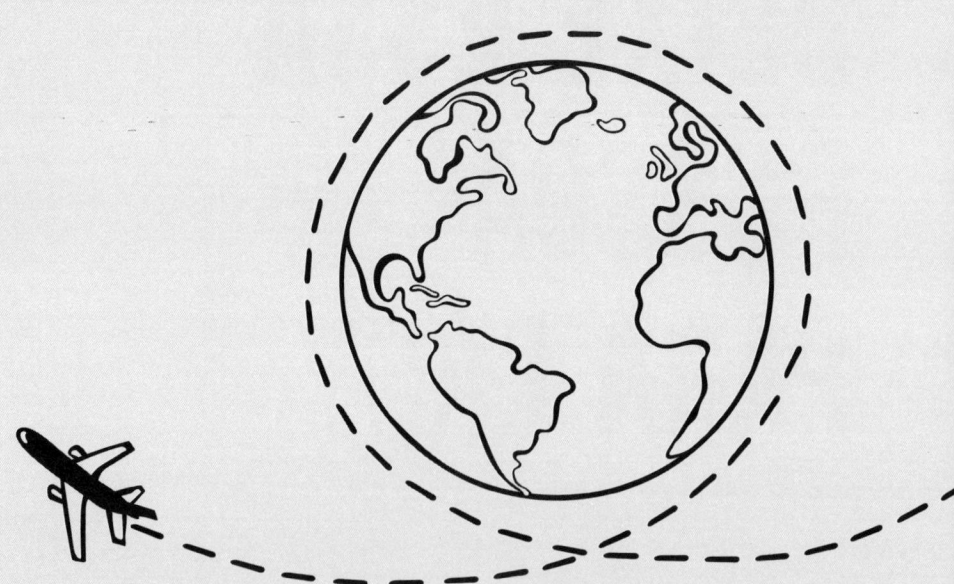

"A mente é como um PARAQUEDAS: só funciona se estiver aberta."

— Albert Einstein

PREVISÃO DO TEMPO:
ELE ESTÁ PASSANDO!

Para quem é dona do castelo, príncipe encantado é só mais uma visita!

"Não importa o que já foi escrito. Podemos começar tudo de novo!"

— Dua Lipa

Comece agora

a ser quem

você quer ser

daqui para

frente.

Tudo depende do tipo de lente que você utiliza para ver as coisas.

— O Mundo de Sofia

"Não tenho muito dinheiro, mas tenho muito estilo!"

— Fifth Harmony

Não mexa comigo. Sou grosseiramente fofa!

Quantos "E SE" você têm guardado?

"CADA HISTÓRIA TEM UM FINAL. MAS, NA VIDA, CADA FINAL É UM RECOMEÇO."

— Grande Menina, Pequena Mulher

EU AMO QUEM ME AMA, PONTO FINAL.

— Anitta

Acorda, querida: quem gosta de migalhas é pombo!

"Minha vida seria tão mais fácil se não fosse por...

Ai, como chama aquilo...

AH, OUTRAS PESSOAS!"

— Anna Kendrick

Economize energia.

USE SUA PRÓPRIA LUZ!

"EU SOU CAPAZ DE TUDO… TUDO E QUALQUER COISA!"

— Katy Perry

Sempre haverá outra chance, mas *nunca* outra vida. *Não desperdice* seu tempo!

"VOCÊ NÃO PODE VIVER TENTANDO AGRADAR OS OUTROS.

As escolhas devem ser suas!"

— Anne Hathaway

VOCÊ TEM medo DE TENTAR OU DE não CONSEGUIR?

EU TINHA UM LADO DOCE, MAS EU COMI!

"Você será adulto pelo resto de sua vida. Então seja criança enquanto puder."

— Cole Sprouse

"*Evite as situações que a deixam desconfortável!*"

— Nick Jonas

FALA NA CARA, NAS COSTAS VOCÊ PODE FAZER MASSAGEM!

"Tudo o que fazemos importa. É inspirador e precisamos nos lembrar disso!"

— Ezra Miller

Querido passado:
obrigada por tudo.

Querido futuro:
bora lá!

"*Nunca subestime o poder de um coração aberto e vulnerável!*"

— Dove Cameron

APAIXONE-SE TODO DIA,

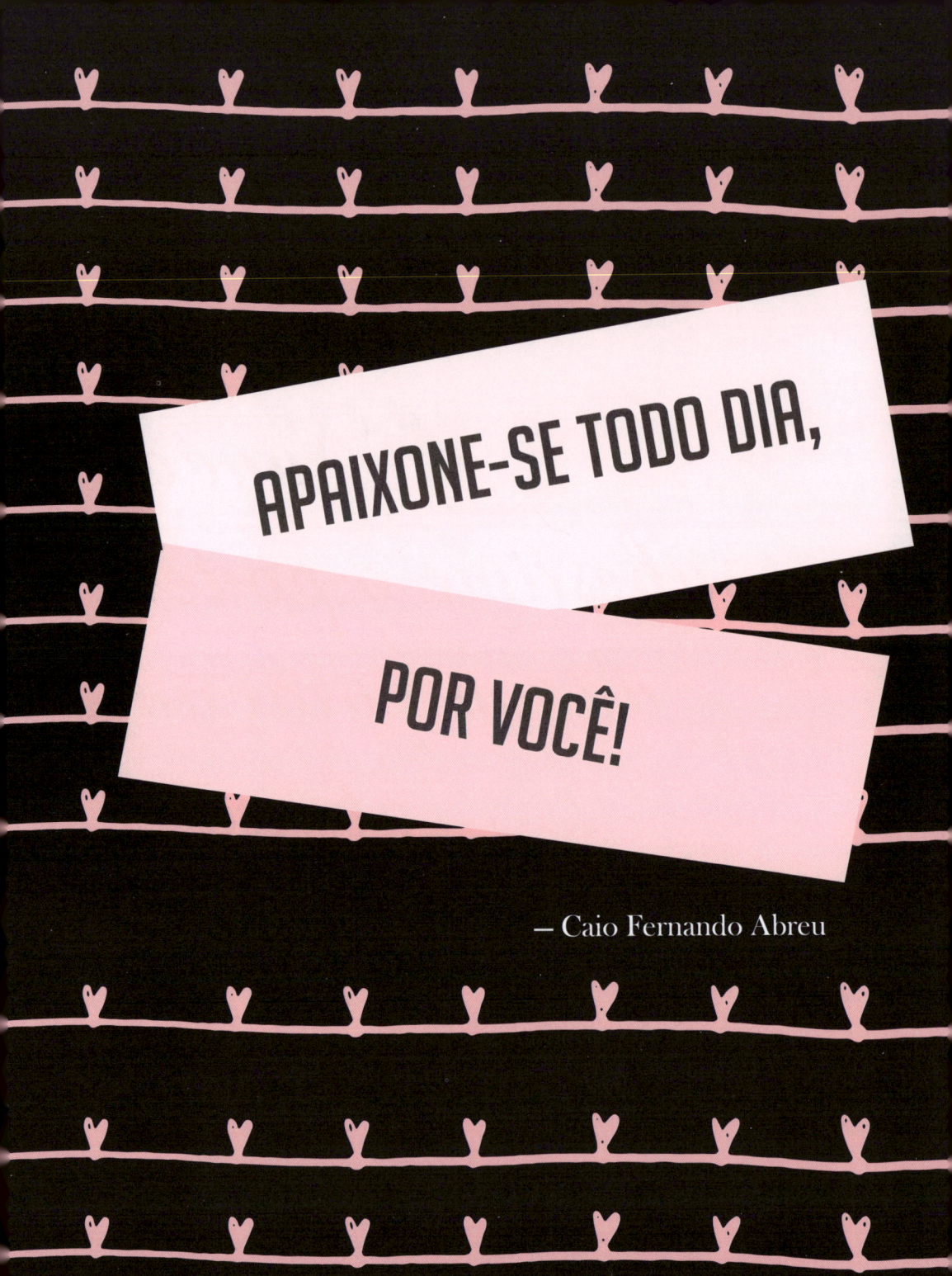

POR VOCÊ!

— Caio Fernando Abreu

> "QUE SUA VONTADE SEJA MAIOR QUE O SEU MEDO."
>
> — Lucas Lucco

Tem ponto final que indica o começo de um novo parágrafo.

Tudo na vida tem o poder e a importância que a gente dá.

"NÃO HÁ MAIOR LIBERDADE DO QUE SE ACEITAR!"

— Camila Cabello

"Só tenho amigas que me tornam uma pessoa melhor."

— Emma Roberts

Seja a Maria que não vai com as outras.

"*Eu morreria por você. Mas eu não viverei pra você.*"

— As Vantagens de Ser Invisível

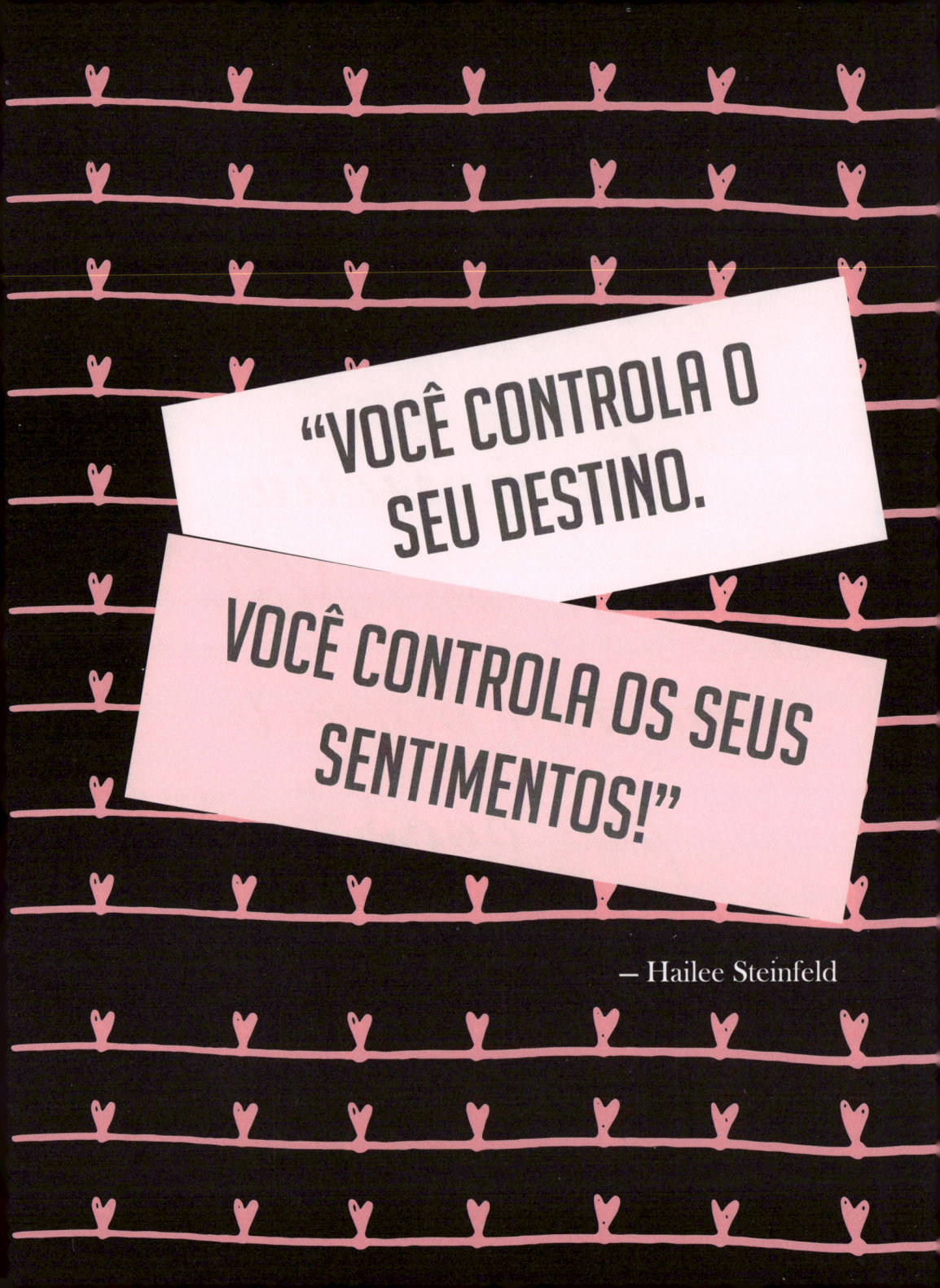

"VOCÊ CONTROLA O SEU DESTINO. VOCÊ CONTROLA OS SEUS SENTIMENTOS!"

— Hailee Steinfeld

"EU JÁ FIZ BESTEIRAS. MAS TUDO BEM, NINGUÉM É PERFEITO!"

— Selena Gomez

Fofa é a sua almofada.

Eu sou incrível!

"Quando tiver que escolher entre estar certo e ser gentil, escolha ser gentil."

— Extraordinário

"Não mudei de cidade, nem de telefone. Só escolhi ser feliz!"

— Luan Santana

"*Um amigo é aquele que sabe tudo sobre você e, ainda assim, te ama.*"

— Elbert Hubbard

ÀS VEZES VOCÊ PRECISA ACEITAR AS ESCOLHAS DO OUTRO. MESMO QUE ISSO TE MACHUQUE MAIS DO QUE ELE JAMAIS SABERÁ.

"Não escute nada de ninguém – a não ser de pessoas que a encorajam!"

— Jake Gyllenhaal

NUNCA PARE DE FAZER O SEU MELHOR SÓ PORQUE NÃO RECEBE O CRÉDITO POR ISSO!

"VOCÊ TEM QUE SAIR E COMETER SEUS PRÓPRIOS ERROS PARA, ASSIM, APRENDER."

— Emma Watson

Se não gosta de onde está, mude!
Você não é uma árvore.

"Há coisas que são preciosas por não durarem."

— Oscar Wilde

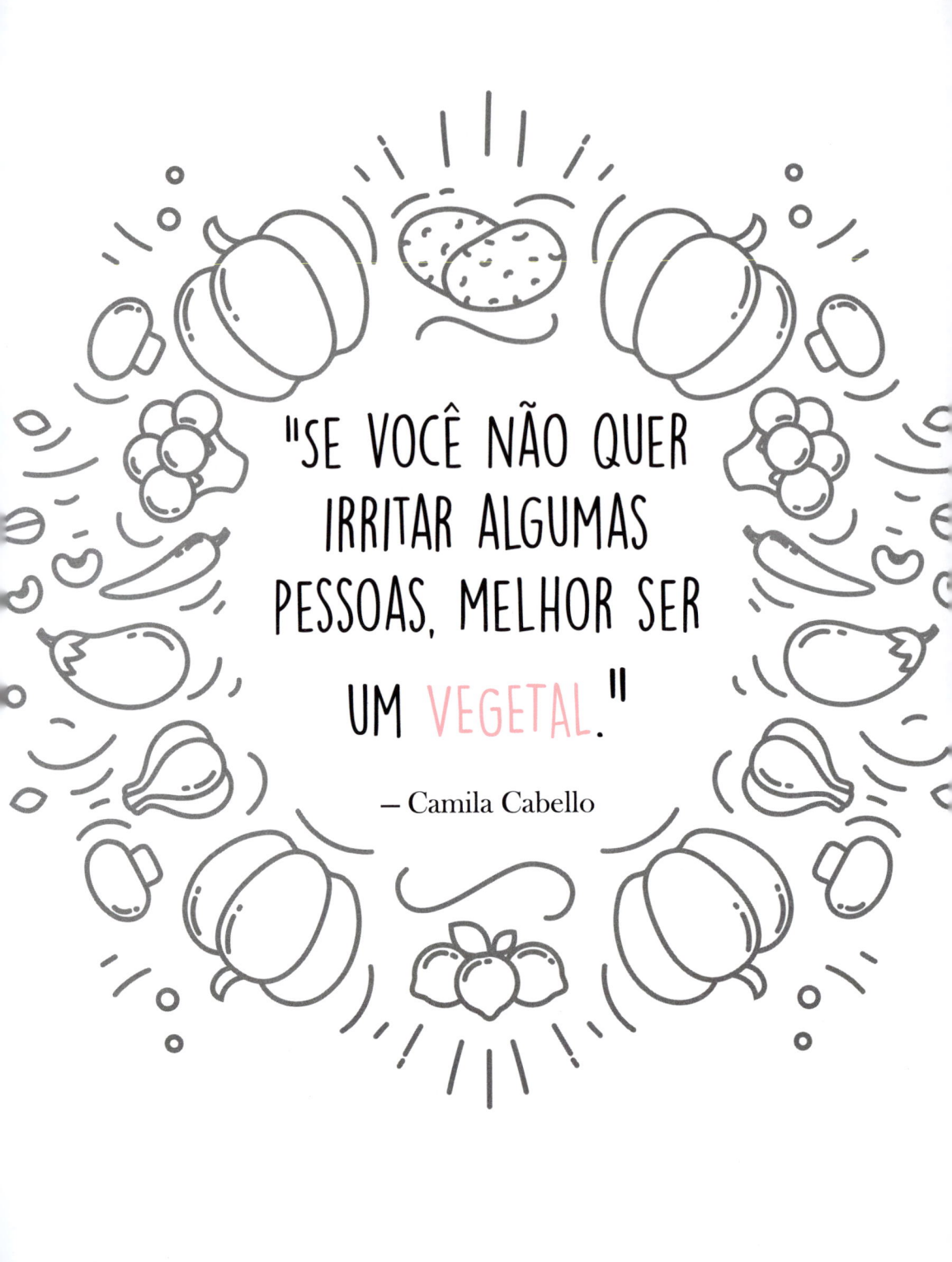

"SE VOCÊ NÃO QUER IRRITAR ALGUMAS PESSOAS, MELHOR SER UM VEGETAL."

— Camila Cabello

"Roupas não vão mudar o mundo. As mulheres que as usam é quem vão."

— Anne Klein

Dance como se não houvesse amanhã... ou gente olhando!

A beleza de alguém, não significa a ausência da sua!

"Alguns infinitos são maiores que outros."

— A Culpa é das Estrelas

QUANDO SUA
SINCERIDADE
FOR CAPAZ
DE BAIXAR
A AUTOESTIMA
DE ALGUÉM,
CALE-SE.

"Palavras são, na não tão humilde opinião, nossa inesgotável fonte de magia. Capazes de ferir e de curar."

— Alvo Dumbledore

PODE PISAR ENQUANTO SOU UVA, PORQUE QUANDO EU VIRAR VINHO...
VAI TER QUE ME ENGOLIR!

"SORRIR E NÃO SE ENTREGAR. SABER QUE TUDO VAI PASSAR."

— Pabllo Vittar

"Procurando a sua opinião!

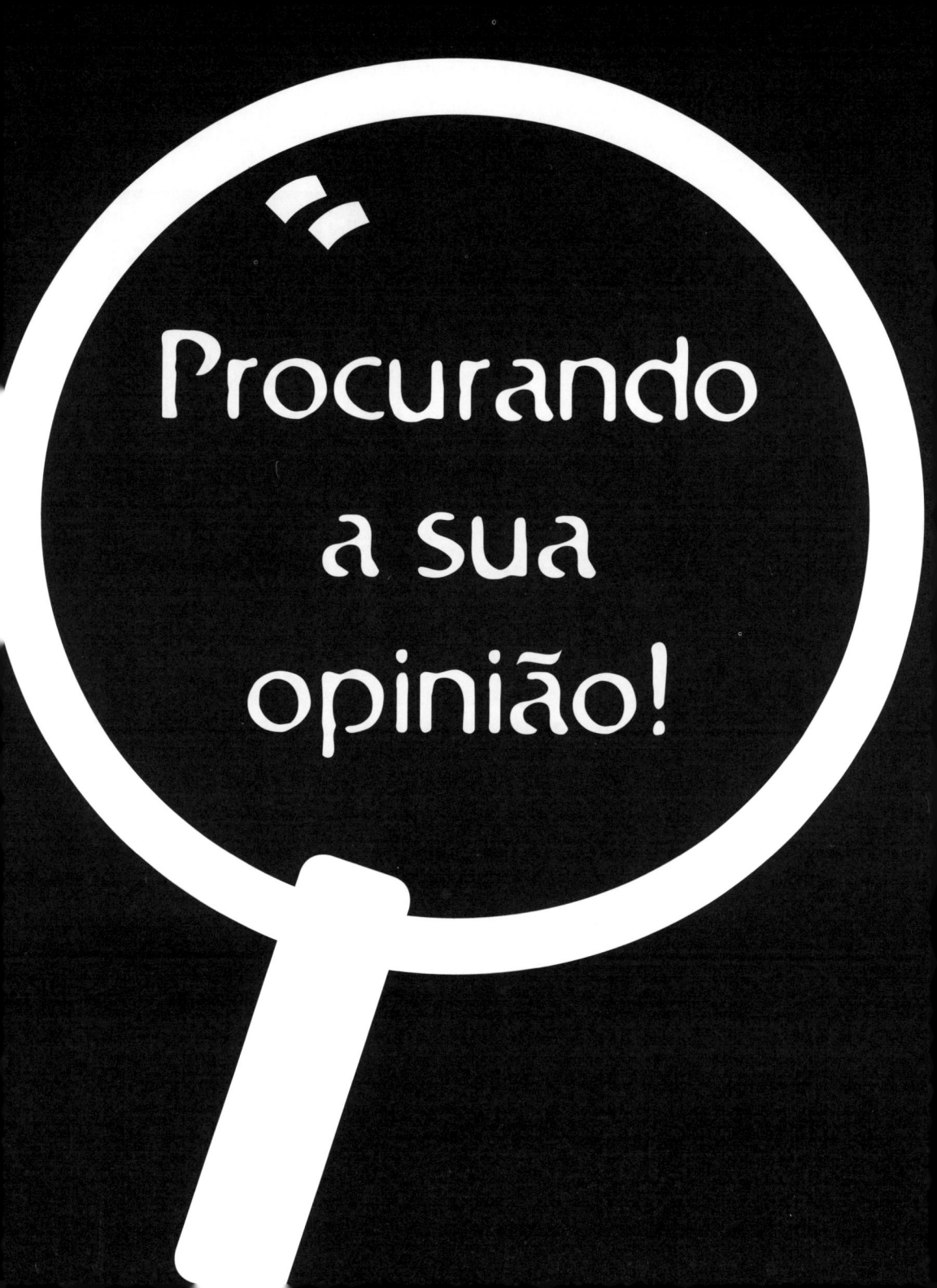

"Ampliem seus limites, é para isso que eles existem."

— Colleen Hoover

"É a minha BOCA. Posso falar o que eu QUISER!"

— Miley Cyrus

Tem horas que nem eu me aguento!

"Chega uma hora em que é preciso arrancar o curativo. Dói, mas pelo menos acaba de uma vez e ficamos aliviados."

Quando o mundo inteiro está em silêncio, até mesmo uma só voz se torna poderosa.

— Malala Yousafzai

PRIMEIRO EU SURTO, DEPOIS EU CONVERSO.

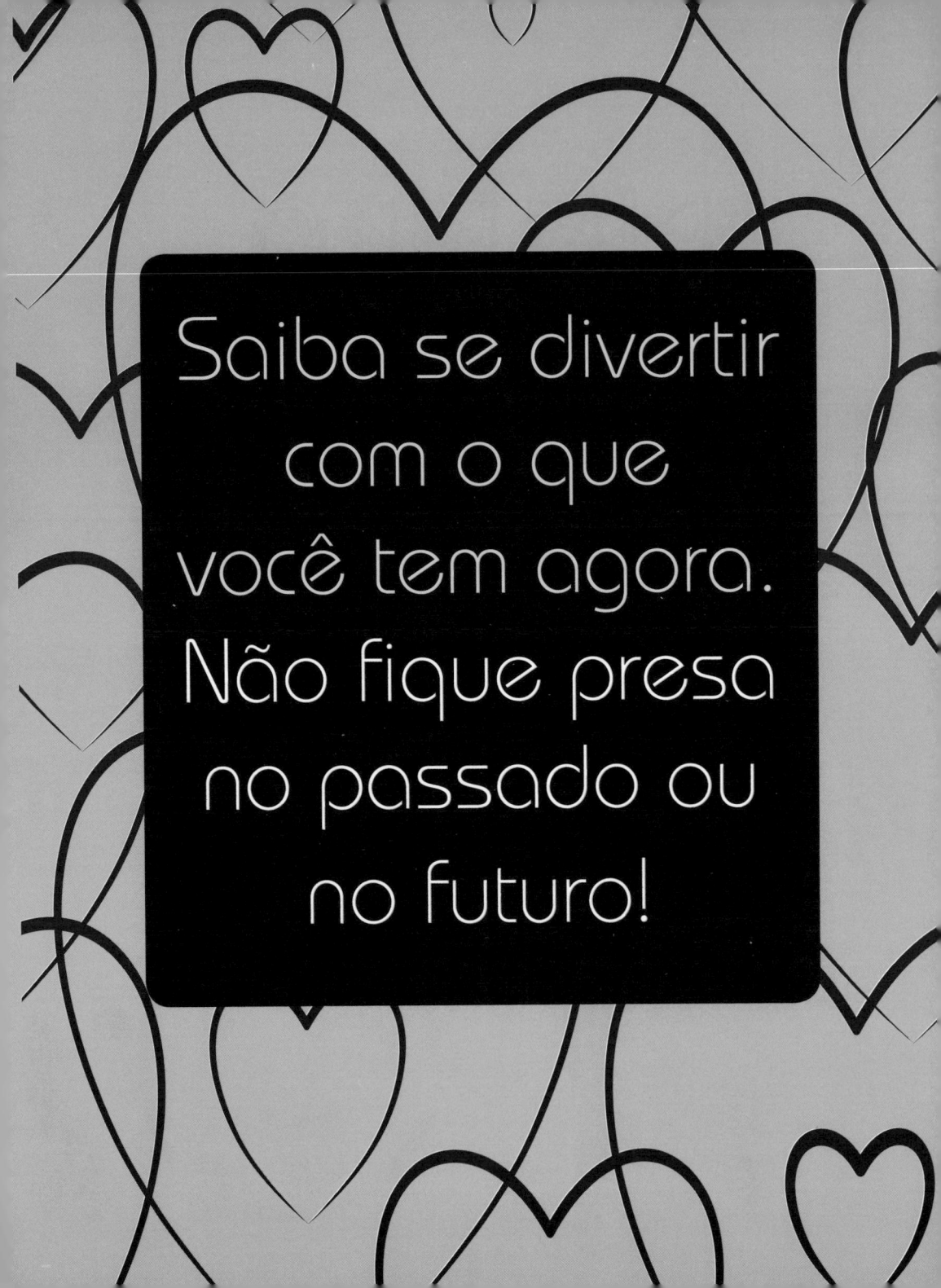

Saiba se divertir com o que você tem agora. Não fique presa no passado ou no futuro!

Cerque-se de pessoas que a fazem acreditar no amor.

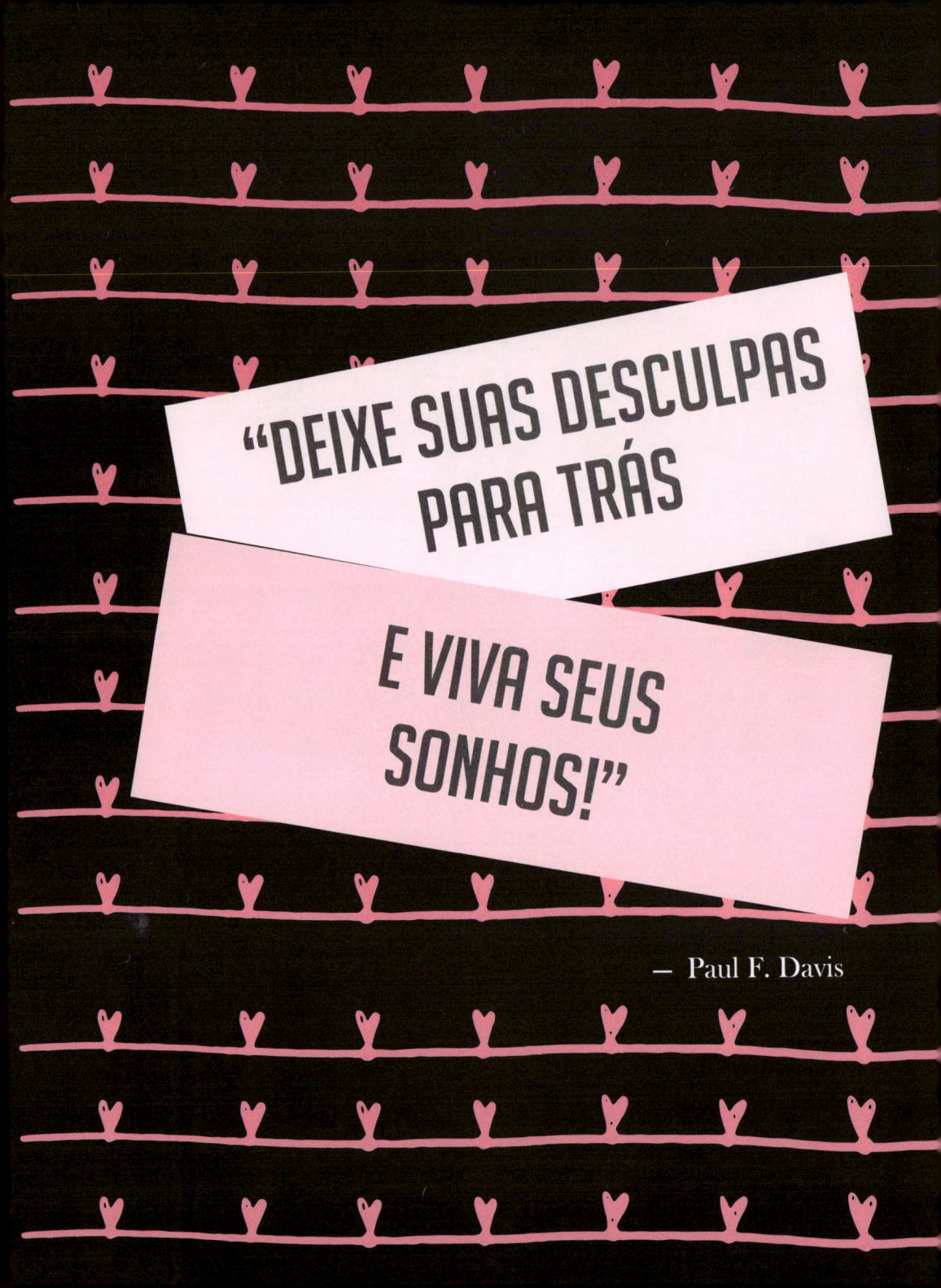

"DEIXE SUAS DESCULPAS PARA TRÁS E VIVA SEUS SONHOS!"

— Paul F. Davis

"SE TUDO FOSSE PERFEITO, VOCÊ NÃO APRENDERIA NADA E NÃO CRESCERIA!"

— Beyoncé

Ame as pessoas.

Use as coisas.

O oposto nunca dá certo.

Sabe **onde** eu tô? Tô nem aí...

ZZZ...

"Os haters vão dizer o que quiserem, mas as palavras deles não podem te impedir de continuar buscando seus sonhos."

— Justin Bieber

NUNCA DESVALORIZE
OS SENTIMENTOS
DE ALGUÉM.
VOCÊ NÃO SABE
O QUANTO FOI DIFÍCIL
PARA QUE ELE
OS REVELASSE.

NÃO COLOQUE PALAVRAS NA MINHA BOCA. COLOQUE CHOCOLATES!

"Meu conselho para quem tem um sonho: nunca pare de persegui-lo!"

— Shawn Mendes

— E SE EU CAIR?

— Ah, mas minha querida, e se você voar?

— Eric Hanson

O tempo passa, mas também amarrota!

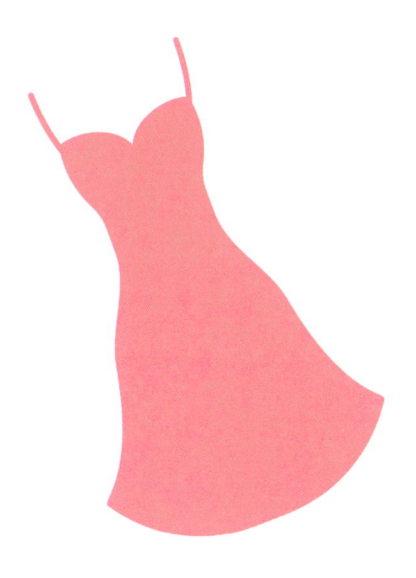

"Siga seus sonhos.

Mas saiba que haverá muita crítica!"

— Kendall Jenner

SÓ DÊ ESPAÇO PARA QUEM SABE OCUPAR LUGAR!

NA DÚVIDA, vai E METE O Loco!

— @umcartao

"NÃO SE ESQUEÇA DE ONDE VOCÊ PERTENCE!"

— One Direction

Aprenda

a ser filtro.

Não

esponja.

"Eu não vou me desculpar pela minha aparência, pelo que digo e por como vivo a minha vida."

— Daisy Ridley

Vai arriscar

ou

ficar na vontade?

UM APLICATIVO CHAMADO **BOLA** PARA VOCÊ BAIXAR!

"Eu tenho 99 problemas, mas você não será um deles!"

— Ariana Grande

> Não se recorde dos dias. Recorde-se dos momentos.

"Você tem diferentes almas gêmeas durante a vida."

— Kim Kardashian

ACREDITE EM RECOMEÇOS!

"E ela não pode ser sempre ruim.

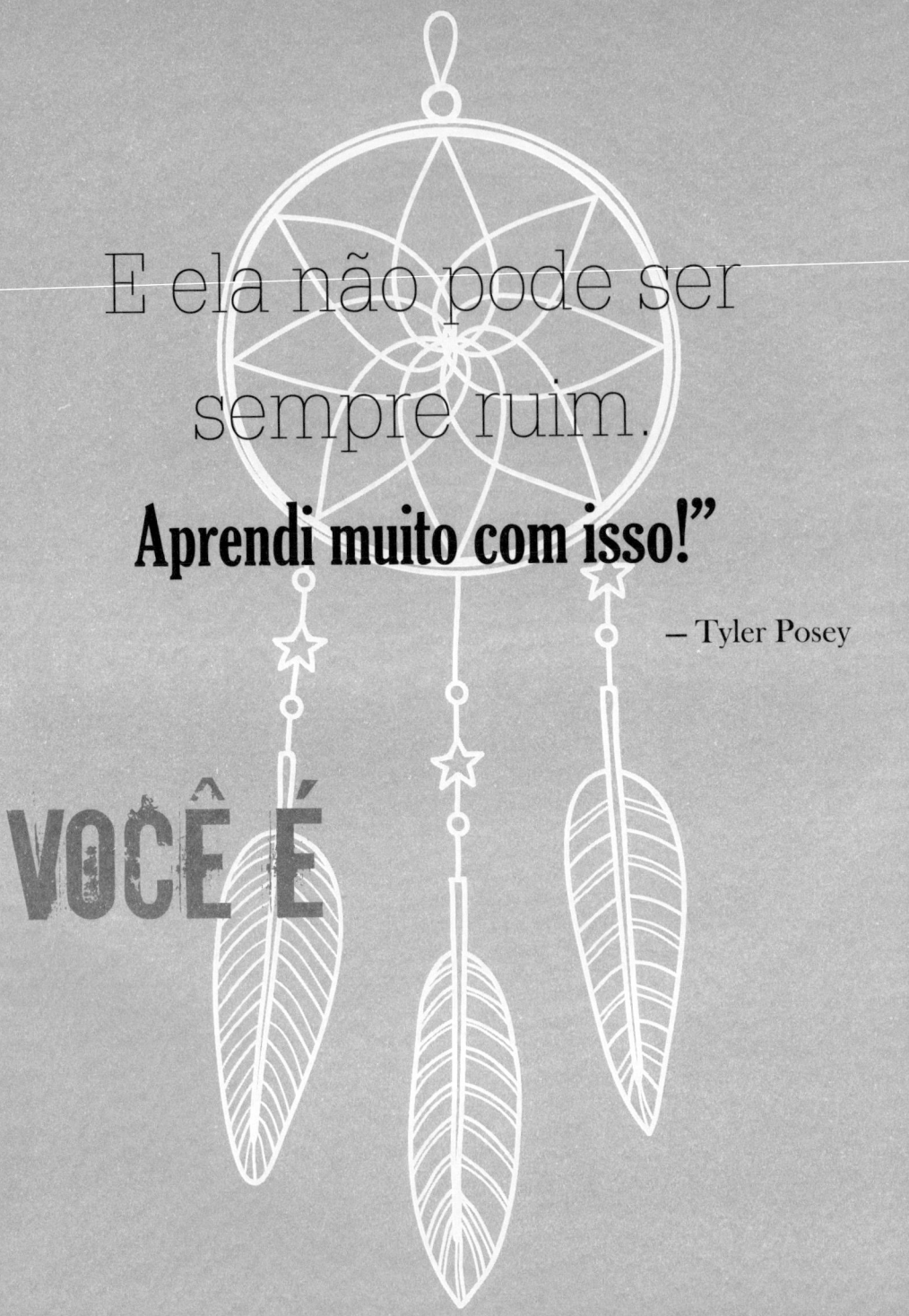

Aprendi muito com isso!"

— Tyler Posey

VOCÊ É

RESPONSÁVEL PELO QUE DIZ, NÃO PELO QUE OS OUTROS ENTENDEM.

5 minutos ruins

estragam

TODO

o seu dia.

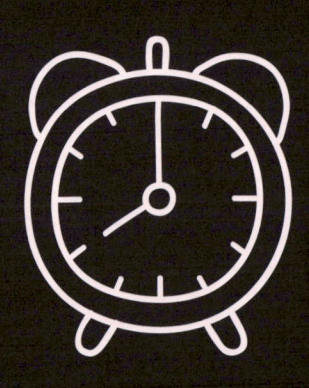

"Quando nos *sentimos bem,* ficamos com uma *aparência boa!"*

— Lily James

> "Abrace
>
> suas
>
> peculiaridades!"
>
> — Cara Delevingne

Paciência fora da área de cobertura!

NÃO SEJA OPÇÃO,

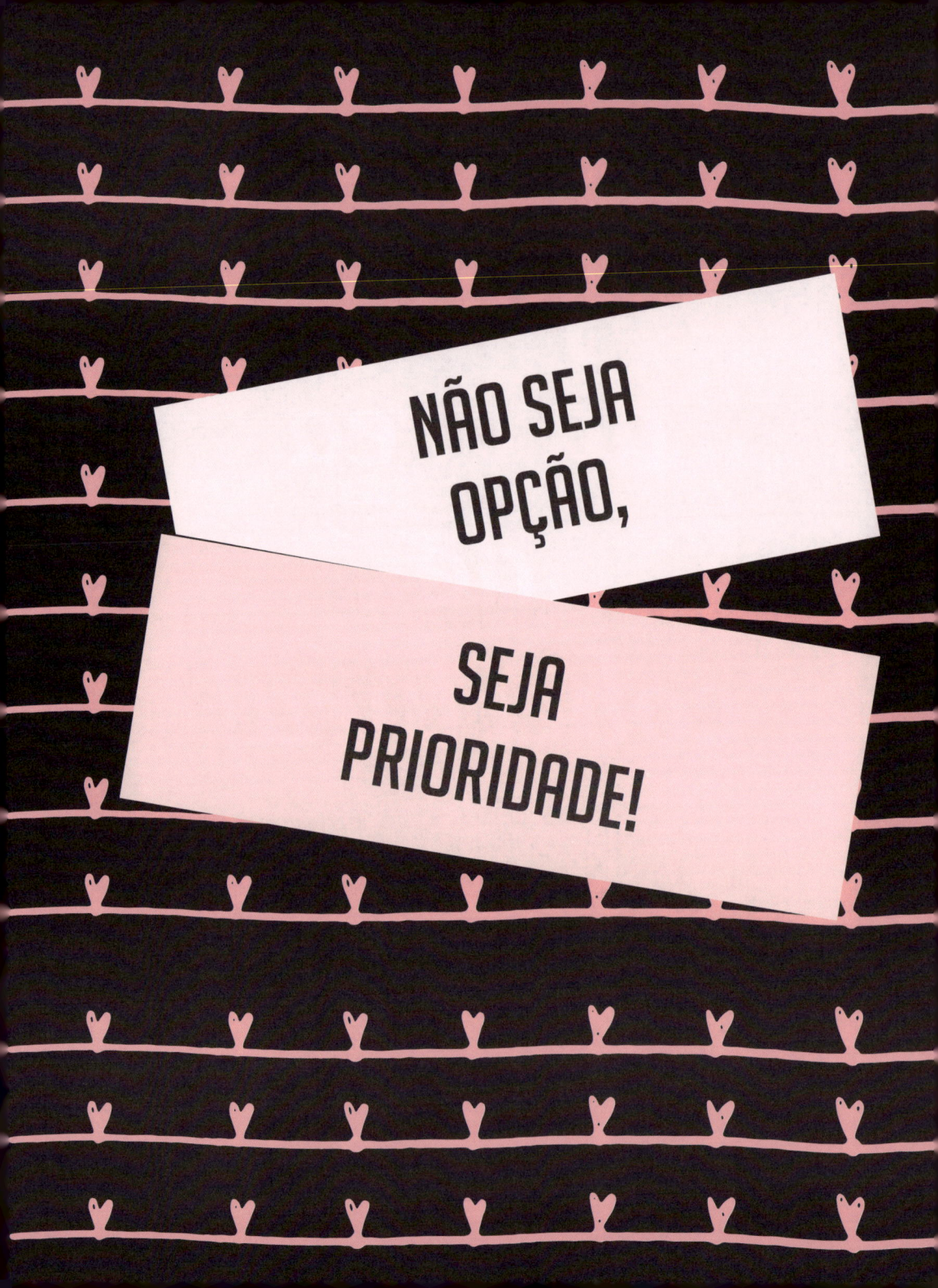

SEJA PRIORIDADE!

*Deixe ir.
E se voltar...
finja que
não conhece!*

"AS PESSOAS SÃO FEITAS DE FALHAS."

— Amanda Seyfried

Confiar não é saber tudo sobre alguém. É não precisar saber.

NÃO GUARDE RANCOR...

MAS TAMBÉM NÃO TENHA AMNÉSIA.

QUE SUAS LÁGRIMAS SEJAM DE TANTO RIR.

"Nervosismo apenas significa que você se importa."

— Evan Peters

A roupa *ideal* é aquela que te *faz feliz!*

"O seu final feliz só depende de você."

— Kesha